QUESTION ROMAINE.

AFFAIRE DU 15 JUIN.

LETTRE AUX ÉLECTEURS

de la Seine, de la Nièvre et du Cher,

PAR LE CITOYEN **FÉLIX PYAT**,

Représentant du peuple.

ÉDITION ORIGINALE.

LAUSANNE.
Société éditrice l'Union.

1849.

LAUSANNE. — IMP. CORBAZ ET ROBELLAZ.

QUESTION ROMAINE.

AFFAIRE DU 13 JUIN.

LETTRE AUX ÉLECTEURS

de la Seine, de la Nièvre et du Cher.

Citoyens,

Envoyé par le département du Cher à l'Assemblée constituante, je n'ai pas voté la constitution. Moi aussi je la trouvais *défectueuse*, non, sans doute, par les mêmes raisons que M. Thiers, mais parcequ'entr'autres défauts, elle contenait surtout, comme je l'ai prouvé dans la séance du 5 octobre 1848, le principe même du mal actuel, le principe de la présidence. Cependant j'ai eu l'honneur d'être renvoyé par vos trois départements à l'assemblée législative. Et, soumis au vœu des majorités légalement exprimé, j'ai dû, la constitution une fois votée, la respecter et la défendre quand même, comme chacun de nous le doit encore jusqu'à ce qu'elle soit révisée dans les formes et les délais prévus par elle. Je ne suis donc pas suspect d'enthousiasme et d'entrainement pour cette constitution ; et, le 13 juin, si je l'ai défendue à mes risques et périls, c'est que je l'ai crue attaquée et violée. C'est donc à vous, à vous seuls, citoyens électeurs, que je dois rendre compte de ma conduite en cette affaire ; c'est à vous de juger les coupables, accusateurs ou accusés.

Voici les faits. Après la déroute des Piémontais à Novarre, le ministère Barrot vient le 16 avril demander à l'assemblée constituante l'expédition de Rome, dans un but de liberté et d'humanité, dit-il, pour balancer l'influence autrichienne et les conséquences d'une contre-révolution. Il se garde bien de dire alors qu'il a traité secrètement, qu'il est pleinement d'accord avec trois puissances monarchiques, Naples, l'Espagne et l'Autriche, qu'il s'agit enfin de détruire la République romaine et de restaurer le pape. Il n'eut pas réussi alors ; non, l'assemblée constituante était républicaine et le peuple de France n'est pas jésuite. La constitution était récente ; les élections étaient proches. Il fallait, tout en se conciliant le parti prêtre par l'expédition, ne pas froisser l'opinion du peuple par le but ; il fallait tromper, exploiter même son instinct patriotique et ses sympathies italiennes. Le ministère demande donc l'expédition dans le but avoué de *maintenir notre influence à Rome* et de défendre la civilisation. Interrogé par la commission, interpellé à la tribune, il donne l'assurance formelle qu'il agit dans son entière indépendance, qu'il ne veut point attaquer la République romaine, qu'il ne veut point participer à sa ruine, qu'il intervient seulement pour sauver le plus qu'il pourra de la liberté. Sur cette parole, l'assemblée vote l'expédition. L'armée part, elle arrive à Civita-Vecchia. Là, le général en chef débute par une proclamation que le ministère a rédigée lui-même afin de tromper Rome comme il a trompé la France ; le général Oudinot proclame donc aux Romains, le 26 avril, qu'il ne vient point *exercer* sur eux *une influence oppressive, ni leur imposer un gouvernement contraire à leur vœux ; qu'il vient, loin de là, les préserver des plus grands malheurs ;* puis, suivant des ordres secrets, il désarme la garnison, emprisonne le préfet, met la ville en état de siége, séquestre les fusils de l'armé romaine et marche sur Rome qu'il attaque le 30 avril.

A la nouvelle de cette transgression de son vote, l'assemblée constituante s'émeut ; et les 6 et 7 mai, après séance de jour et de nuit, vu l'importance et l'urgence, après discussion dans laquelle il est dit que la France (article 5 de la constitution) respecte les nationalités étrangères et ne peut employer sa force contre la liberté d'aucun peuple, que le pouvoir exécutif (article 54) ne peut entreprendre aucune guerre sans le consentement de l'assemblée; l'assemblée, le ministère entendu, décide par un second vote conséquent avec le premier et à la majorité de 87 voix, que *l'expédition ne doit pas être détournée plus longtemps de son but.* Le lendemain de ce vote clair et net, le gouvernement, toujours pour tromper tout le monde, envoye à Rome un agent diplomatique, un ministre plénipotentiaire, M. Ferdinand de Lesseps, muni d'instructions conformes et de deux exemplaires du *Moniteur* qu'il lui ordonne d'emporter, l'un pour lui et l'autre pour le général, afin de mieux connaître et de mieux remplir le vœu de l'Assemblée. Mais en même temps il envoye secrètement des instructions contraires à MM. d'Harcourt et Rayneval, ses agents à Gaëte; et, de son côté, le président de la République, commençant son système épistolaire, écrit à M. Oudinot une lettre dans laquelle, contradictoirement avec les deux votes de l'assemblée, il le félicite de sa conduite et lui promet du renfort. L'assemblée s'émeut encore de ce nouvel acte flagrant d'opposition; et les 11 et 12 mai elle demande une seconde explication au ministère qui répond encore en donnant satisfaction, en disant que cette lettre n'a rien d'officiel, que le pouvoir, loin de résister aux ordres de l'assemblée, a dépêché à Rome un homme *de zèle et d'intelligence* pour les exécuter; et M. Barrot lui-même rassure la majorité en ces termes :

« Je répète ce que j'ai déjà dit et ce qui servira de règle aux efforts que nous avons encore à faire pour accomplir notre mission en Italie. Nous allons en Italie non pour y *constituer* ni *renverser* un gouvernement. Nous allons en Italie pour, en face des événements qui se préparent à Rome, être présents et exercer une médiation tout à la fois *d'humanité et de liberté.* Je ne reviens pas sur un débat qui a été terminé par un vote de cette assemblée, qui a déclaré *implicitement, explicitement* même, qu'il fallait rentrer notre politique dans les conditions qui avaient été assignées à l'ex- l'expédition d'Italie. D'où naît cette induction que cette politique aurait dévié sans expliquer par quels actes et dans quelles mesures. Mais j'ai vu dans cette décision de l'assemblée un *avertissement*, un *rappel*. Remettre en question ce qui a amené cet acte de l'assemblée, ce serait en quelque sorte *m'insurger* contre elle. Je ne le veux pas. (*Très-bien, très-bien.*)

Cependant l'envoyé de la république française, M. de Lesseps, va remplir sa tâche avec une *intelligence* et un *zèle* désespérants pour le gouvernement. Fidèle aux apparences de sa mission, prenant son rôle aux sérieux, ses instructions à la lettre, croyant aux paroles du ministère, au vote de l'assemblée, au texte du *Moniteur*, il arrive à Rome, arrête les hostilités, se met à négocier avec les États-romains, à ramener l'expédition vers son but. Le ministère le laisse aller ainsi d'abord, pour gagner du temps, le temps de faire les élections de l'assemblée législative. Mais les élections faites, sûr désormais de la nouvelle majorité, il n'a plus besoin de feindre, ni d'attendre : et quand M. de Lesseps a traité avec les États romains, quand il a vraiment ramené l'expédition à son but, voilà que son collègue de Gaëte, le plénipotentiaire véritable, l'agent de cabinet, l'homme du congrès monarchique et papal, M. de Rayneval enfin, proteste contre les actes de M. de Lesseps, contre la suspension d'armes et contre le traité. Le général Oudinot qui est dans le secret proteste de même, passe outre sous prétexte de fièvre et d'honneur militaire ; et le 2 juin il recommence l'attaque en dépit du traité et de l'armistice. Bref, le ministère rappelle M. de Lesseps qu'il accuse d'abus de pouvoir devant le conseil d'État ; et le président de la république dit dans son message à l'assemblée que la question romaine ne peut plus se résoudre que par notre entrée dans Rome.

Alors la minorité de l'assemblée, conformément à l'article 68 de la constitution sur la responsabilité du pouvoir, met le président et les ministres en accusation pour avoir violé la constitution, 1° dans son article 54 qui porte que le pouvoir exécutif n'entreprend aucune guerre sans le consentement de l'assemblée ; 2° dans son article 5 qui porte que la France respecte les nationalités étrangères, comme elle entend faire respecter la sienne et qu'elle n'emploie jamais sa force contre la liberté d'aucun peuple. Le 12 juin, Ledru-Rollin monte à la tribune et demande en vain le dépôt des pièces diplomatiques pour prouver l'accusation. Le ministère se sentant assez fort pour jeter le masque, pour braver l'opinion après l'avoir trompée, sort de l'hypocrisie par la calomnie, et dit hautement avec un chœur d'amis de 400 voix, qu'il veut entrer dans Rome coûte que coûte, pour la délivrer des étrangers, des démagogues et des assassins ; et il refuse les pièces.

Je monte à la tribune à mon tour et là je jure en mon âme et conscience, devant Dieu et sur les corps de nos frères tués au siège de Rome, je jure que la constitution est violée et je somme nos adversaires de venir prononcer le serment contraire. Personne ne se présente ; la majorité répond avec l'ordre du jour, repoussant ainsi par un vote l'accusation du ministère, et se faisant, suivant nous, complice de son crime contre la constitution. Car si la majorité pouvait par un vote absoudre le ministère d'avoir violé l'article 54, c'est-à-dire, d'avoir entrepris la guerre malgré le vote d'une autre majorité, elle ne pouvait pas l'autoriser de même à violer l'article 5 qui défend d'employer la force de la France contre la liberté d'aucun peuple. Nulle majorité au monde n'a le droit de violer la constitution ; elle n'a que le droit de la réviser, et comme je l'ai déjà dit, dans les formes et délais prescrits par la constitution même, article 111.

La constitution étant donc suivant nous ouvertement violée et par le pouvoir exécutif et par le pouvoir législatif, nous sommes sortis de cette assemblée pour dire au peuple ce que nous avions dit à la majorité : la constitution est violée. C'était notre devoir de représentants et de citoyens, comme le veut l'article VII du préambule de la constitution. Certes, c'était notre devoir de défendre la constitution, d'avertir le peuple, comme c'était le devoir du peuple d'aviser. D'après les articles 101 et 110, l'exécution des lois et le dépôt de la constitution sont confiés à la garde nationale et à l'armée, au patriotisme de tous les Français. Le peuple voulant donc employer tous les moyens légaux, a fait une manifestation pacifique pour ramener le pouvoir à à la loi; il s'est assemblé paisiblement et sans armes le 13 juin, conformément à l'article 8; mais le pouvoir a coupé la manifestation sans sommation préalable, par la violence, mettant les citoyens dans le cas de légitime défense, dans la triste nécessité de résister, de repousser la force par les armes, l'oppression par l'insurrection. Et la force a triomphé du droit à Paris comme à Rome. Oui, pendant qu'on tuait les républicains à Paris, on tuait la république à Rome. A Paris, le général Changarnier fait envahir le conservatoire, disperse les représentants qui sont saisis, emprisonnés, accusés; il suspend les journaux, brise les presses, dissout les gardes nationales et tient le département en état de siége. A Rome, quinze jours après, le général Oudinot entre au capitole, chasse l'assemblée constituante romaine, arrête, enferme, bannit les représentants, décrète l'état de siége, suspend les journaux, licencie la garde civique, rétablit la censure, l'inquisition, le gouvernement clérical, et finalement restaure le pape avec le *motu proprio*. Voilà les faits!

Or, citoyens, vous savez ce que c'est que le *motu proprio*. C'est le bon plaisir, c'est l'ancien régime, c'est l'absolutisme, c'est le droit de donner et de reprendre à volonté, c'est la grâce de Dieu et du saint siége apostolique, c'est le pouvoir sans limite, sans condition, sans garantie. Quelle garantie, en effet, le peuple romain a-t-il vis-à-vis du pape, puisqu'il est obligé de le subir quand même, ce pape fut-il Grégoire XVI, Jules II ou quelqu'autre Borgia? puisque selon M. Barrot, le pape ne saurait être ni contraint, ni forcé, ni changé; puisqu'il a le pouvoir temporel en vertu du pouvoir spirituel, pouvoir qu'on a proclamé suprême, infaillible, immuable; puisque le pape est le souverain, et que les romains sont ses sujets perpétuels, immobiliers; puisqu'il accorde ce qu'il accorde *motu proprio*, c'est-à-dire de son plein gré; puisqu'il peut ainsi, quand il lui plait, comme il le veut, autant qu'il le trouve bon, à son temps, à sa guise et à sa règle, retirer ce qu'il a avancé. Mais c'est le despotisme turc, c'est le califat, c'est le czarisme, c'est le fameux article 14 de la charte moins la charte.

Oui, car M. Barrot l'a avoué lui-même, le peuple romain qui avait comme nous la république de son plein droit, par son propre vouloir, par la grâce et l'effet du vote universel, le peuple romain, n'a plus même le gouvernement représentatif, la liberté constitutionnelle, cette *grande* liberté qui nous a paru si petite à nous qu'il nous a fallu la république. Le *motu proprio* est enfin la réponse à la 2e lettre de M. Bonaparte en cette affaire; car M. Bonaparte est fort pour écrire. C'est une Sévigné politique; c'est la boîte aux lettres. Le *motu proprio* est donc la réponse claire et nette à la fameuse lettre que le président a écrite le 18 août à M. Ney en faveur du peuple romain, pour l'amour de l'humanité et de la liberté, et qui contenait une sorte de juste milieu entre la république et le despotisme, à savoir l'amnistie générale, l'administration séculière, le code napoléon et le gouvernement libéral. Le *motu proprio* c'est donc en face du programme de l'Elysée la promesse d'un pardon partiel, étroit, suivant lequel les proscrits sont la règle et les graciés l'exception; une amnistie qui frappe la plupart et absout quelques-uns, une amnistie qui rappelle la liberté de Figaro, qui excepte tout le monde et sauve le reste. Je ne sais vraiment pas comment le pape après une telle amnistie peut réciter le *pater noster*; comment il peut en dire la fin si humaine, si divine : « pardonnez-nous nos offenses comme nous les pardonnons à tous ceux qui nous ont offensés. » Il la passe sans doute ou bien il la modifie ainsi : « pardonnez-nous nos offenses comme nous les pardonnons à tous ceux qui nous ont offensés, les républicains exceptés. » Voilà pour l'humanité.

Quant à la liberté, c'est complet comme l'amnistie. Le *motu proprio* promet encore aux Romains une sorte de franchise municipale et provinciale, un bas électorat avec cens bien entendu, si bien que Jésus-Christ lui-même ne pourrait pas être électeur dans les Etats de l'Eglise; puis une consulte sans voix délibérative, ni liberté de la presse, ni liberté de tribune, pas même le vote de l'impôt; le droit de payer et de se taire; il est vrai que nous avons pour eux le droit de *supplier*. Voilà pour la liberté. Voilà ce que le ministre Barrot appelle la liberté sérieuse, la vraie liberté. Ah! sycophantes qui se donnent encore des airs de bonne foi et de probité pour nous annoncer de pareilles lâchetés! Comment osent-ils parler encore de probité, de liberté, de dignité, d'humanité? Non, vous n'avez plus le droit de prononcer ces mots-là. Comment en vous passant par la gorge ne vous ont-ils pas étranglés?

Les traîtres, ils ont menti à la France, à l'Italie, à la république, à la démocratie, à l'opinion, à la conscience publique et privée, à l'armée, au peuple et à Dieu, à tout et à quelque chose encore! Ils devaient combattre l'Autriche et ils étaient d'accord avec elle; ils devaient sauver la révolution et ils ont fait la contre-révolution; ils ont fait la besogne de l'Autriche, mieux qu'elle ne l'eût faite elle-même; ils ont rétabli le vicariat, l'inquisition, l'ordre de Varsovie à Rome; ils ont laissé pendre, fusiller, enchaîner, exiler, bâtonner et fouetter autour d'eux hommes et femmes, enfants et vieillards; ils sont devenus, sans pitié comme sans pudeur, les auxiliaires, les complices de toute oppression, de toute tyrannie; ils ont restauré un roi et tué une république sous prétexte de religion. Car ce n'est pas le pape, c'est le prince; ce n'est pas le chef de l'Eglise, c'est le chef des Etats romains qu'ils ont restauré. L'hérétique M. Coquerel l'a dit comme M. Thiers le catholique. Protestants et juifs, gallicans et jésuites, fils de Voltaire et fils de Croisés, ils n'ont plus qu'une religion, la haine de la révolution.

Oui, la haine, l'égoïsme et la peur, voilà le lien impur qui les réunit tous contre la république; voilà la religion, qui leur a fait attaquer Rome au lieu de la défendre, qui leur a fait relever l'autel en attendant le trône, pour abriter leurs priviléges, derrière ces vieilles arches. Ils ont refait contre les peuples, la sainte alliance de l'autel, du trône et du coffre. Grâce à eux, notre armée, l'armée des Alpes, formée pour délivrer l'Italie, l'a liée à une corde de moine; la république française a détruit la république romaine; le peuple souverain est devenu l'allié du roi Bomba, le valet de tous ces bourreaux, de tous ces rois de droit divin qui n'ont de courage que contre leurs sujets. L'argent, l'honneur, le sang de notre pays ont coulé dans une guerre où nous avions tout à craindre la victoire comme la défaite. Ah! ce sang, nous le déplorons plus que personne, car il a coulé contre notre foi, notre loi, contre nous-même dans une véritable guerre civile, dans un vrai suicide. Ah! qu'il retombe sur la tête des coupables, toute l'eau bénite du pape qu'ils ont relevé ne les en lavera pas!

Non, car ils ont médité et prémédité leur crime; ils l'ont accompli avec toutes les circonstances aggravantes. Eux, représentants de la nation, issus du vote universel, ils ont recommencé au dix-neuvième siècle, en 1849, après trois révolutions, sous la république, au nom du peuple, du peuple souverain, du peuple français, de ce peuple qui a Voltaire au corps et la révolution dans l'âme, ils ont recommencé le crime de lèse-nation et de lèse-liberté, le crime que les rois de France ont commis deux fois, au risque de la couronne et de la tête, en 1772 sur la Pologne, en 1823 sur l'Espagne. Que sont devenus les coupables? deux révolutions les ont punis : 93 a puni 1772; 1830 a puni 1823. 1849 aura son tour. Ah! il n'y a que le peuple qui puisse leur pardonner... mais ils sont déjà morts, morts avec la papauté qu'ils ont cru rétablir et qu'ils ont abattue pour toujours. Peuple pardonne-leur! ils n'ont pas même su ce qu'ils ont fait. Les insensés! Ils disent que le pouvoir spirituel ne peut être renversé et ils croient qu'il peut être relevé; et voilà qu'ils ont voulu le tenir à bras tendus, l'étayer avec des faisceaux d'armes, avec des tas de fusils et de canons, à grand renfort de piétons et de chevaux. Tant mieux! ils l'ont tué ainsi; ils l'ont bien tué cette fois et à tout jamais; il est mort et enterré, enterré sous les décombres des murs de Rome, mort avec les cadavres des Romains et des Français leurs frères.

25 ans après la prise de la bastille, après la déchéance des rois de France, les soldats étrangers nous les ramenèrent au bout de leurs bayonnettes, ils nous les ramenèrent deux fois et avec une charte libérale encore. Combien ont duré les restaurations? Eh bien! si le pouvoir temporel ne peut être restauré malgré le peuple par la force matérielle, le pouvoir spirituel le peut encore moins. Il est encore plus impossible que l'autre par les armes. Il ne peut exister que par la foi et dans les cœurs. Amour et violence s'excluent. Contrainte et consentement se nient. Un pape imposé n'est plus le pape, n'est plus le père, c'est le maître. Le vatican, cette bastille des âmes a été prise aussi par le peuple souverain. C'est fini ; l'expédition française n'a fait que prouver qu'il y avait un peuple romain et qu'il n'y avait plus de pape. C'était peut-être le seul moyen de grandir, de relever Rome à la hauteur d'une capitale, de réhabiliter son peuple, de lui relier par la sympathie et la reconnais-

sance les autres fractions du pays, de refaire enfin, malgré les princes et les prêtres, l'unité, la nation, l'Italie en un mot. Oui, il n'y avait que ce moyen d'en finir avec le catholicisme dans son foyer.

Nous qui, franchement, ne voulons plus de cette religion rétrograde qui a fait cause commune avec tous les rois contre les peuples, qui a uni sa croix au bâton de l'Autriche et au knout de Russie, qui a changé Jésus-Christ en Bélial et en Mammon, en dieu patron de la tyrannie et de l'usure, nous avons craint que Pie IX ne la sauvât pour un temps. Si le pape eût résolument sacrifié le temporel, s'il s'était retrempé dans la démocratie, à sa source; s'il s'était ressouvenu de son révélateur; s'il avait voulu se remettre encore du côté des victimes, au chevet des malades, dans le cachot des prisonniers, à la chaîne des esclaves; s'il était redescendu dans les ergastules, dans les souterrains, dans tous les bas-fonds de la société pour relever les humbles, protéger les faibles, éclairer les aveugles, soulager les souffrants, ressusciter les morts; s'il eût chassé encore une fois du temple les Scribes et les princes, les Pharisiens et les marchands, il serait encore grand, puissant, durable, comme aux jours de sa jeunesse, comme au sortir des catacombes; il en aurait encore pour quelque mille ans. Certes, il pouvait sauver son pouvoir spirituel, renouveler sa religion, se resacrer par la grâce du peuple; il pouvait se refaire vicaire et successeur du Christ par la pauvreté, l'humilité et la charité, en redevenant pêcheur d'âmes, en redevenant porte-croix. Il a mieux aimé être porte-couronne; il a mieux aimé être roi que prêtre, tyran que victime; il a mieux aimé être Borgia que Jésus. Tout est dit. Il n'a pas compris ce que c'était que la force, la puissance, la royauté, tout l'héritage de Jésus; il n'a pas compris que la couronne de Jésus est la couronne d'épines, que son manteau est le manteau d'opprobre, que son sceptre est un roseau et son trône la croix; que son pouvoir c'est le sacrifice, le dévouement, l'amour; que le Maître a été le serviteur des serviteurs, qu'il est le premier parce qu'il a été le dernier, qu'il a été Dieu parce qu'il est hostie. Comprenez-vous Jésus-Christ avec des dragons et des chasseurs de Vincennes? Comprenez-vous Jésus-Christ avec une liste civile et le *motu proprio*? Comprenez-vous Jésus-Christ, l'homme-agneau, le dieu d'amour, le roi pacifique, l'humble et doux fils de Marie qui prend possession de Jérusalem monté sur une ânesse et armé d'une palme, qui ordonne à Pierre de remettre l'épée dans le fourreau, qui accepte le calice, rend le bien pour le mal et monte sur la croix avec la prière et le pardon, dont enfin la vie et la mort sont une protestation intégrale contre la force, le comprenez-vous rentrant à Rome comme Pie IX, à la tête d'une armée? Ah! s'il fut entré ainsi, il eut été un Payen, un barbare, un Juif, un Romain, un Romain de la Louve; il eut cru à la force, à la violence, à l'épée; il eut pu vaincre le monde, il ne l'eut pas converti; il eut été un Messie de la guerre; il eut été César, Alexandre ou bien Oudinot; il n'aurait pas été le bon Dieu pendant dix-huit cents ans.

Et son vicaire, son successeur, son remplaçant croit régner maintenant par les armes! C'est absurde. Il ne sait donc pas même ce que c'est que le christianisme, cette réaction directe de l'esprit contre la matière, du droit contre la force? non, il ne le sait pas. En effet, la loi nouvelle, la loi de Jésus, le Christ l'a dit lui-même, était le complément de la vieille loi de Moïse; elle était surtout une négation du paganisme, cette loi de Jupiter, cette suprême expression de la force matérielle. Le paganisme ne représentait que la moitié de l'humanité; il sacrifiait l'âme au corps, le droit au fait; la matière opprimait l'esprit, ainsi que Rome opprimait le monde. Jésus venait après mille efforts des sages pour secouer le matérialisme, après mille efforts des esclaves pour briser le joug romain. Jésus venait après Socrate et Spartacus dans un monde désespéré. Il venait donc satisfaire dans la mesure de son temps et de sa science le besoin d'unité, le sentiment de justice qui est ineffaçablement gravé dans le cœur de l'homme. Et ne pouvant réaliser le droit sur la terre, il le mettait au ciel, prêchant le renoncement présent et la récompense future, promettant le bonheur là-haut en raison des peines d'ici-bas.

Mais le principe du droit une fois posé au nom de Dieu devait dominer l'homme. Du ciel il allait bientôt envahir la terre. Le christianisme sortit des catacombes pour entrer dans le Palais de Constantin ; là il reprit peu-à-peu l'élément matériel, païen, terrestre, temporel de l'humanité et devint le catholicisme. Le catholicisme avait raison d'être alors. Il avait raison en principe de vouloir que le spirituel régît le temporel, de vouloir l'unité. Le paganisme avait voulu l'unité au nom du peuple romain. Le catholicisme la voulut au nom de l'Eglise ; mais l'Eglise en voulant le temporel avec le spirituel, ce qui était logique, le voulut pour elle seule, ce qui était injuste ; elle le voulut à son profit, à l'exclusion d'autrui, faisant alliance pour y mieux parvenir, elle, fille de l'élection avec l'hérédité, elle, fille du droit avec le privilége, elle, fille du charpentier avec les patriciens, prêchant aux autres sans vérité et sans équité, l'abnégation avec une ambition folle, la pauvreté au milieu de l'abondance, l'abstinence dans la débauche, toutes les vertus avec tous les vices et tous les scandales ; profanant, vendant, livrant la grâce et le dogme, le temple et les vases, le purgatoire, le paradis, le Ciel et Dieu à prix d'or et d'argent, si bien que Luther arriva, protesta au nom de la conscience divine et humaine, au nom de l'Evangile et de la raison, et proclama la Réforme, c'est-à-dire la liberté religieuse qui amena la liberté civile.

Eh bien ! après Luther et Mirabeau, le pape Pie IX rêve encore un christianisme étroit, exclusif, incomplet, qui nie toujours la moitié de l'homme et les trois quarts de l'humanité, qui n'est pas de ce monde, qui ne veut pas du règne de Dieu sur la terre, qui ne croit pas au pain quotidien, qui croit à la fatalité, à la nécessité de la misère pour les hommes et de l'esclavage pour les nations, qui prêche la renonciation du temporel aux autres, mais qui le veut pour lui et les siens, qui veut tout pour lui et comme Tartufe, dans l'intérêt du ciel, qui prétend être le maître des nations et des rois, de Rome et du monde, *urbis et orbis*, le catholicisme, en un mot, le catholicisme du moyen âge, c'est-à-dire une religion illogique, contradictoire, impossible, une religion où Jésus-Christ n'est plus reconnaissable, où Jésus-Christ dans ses successeurs pardonne d'une main et frappe de l'autre, où Jésus a des gendarmes et des bourreaux, où le même Jésus dans le même homme est forcé de vous tuer comme roi après avoir absous comme pape; car dans le pape il y a le prince spirituel et le prince temporel; il y a Jésus et César, Jésus qui pardonne et César qui tue. C'est monstrueux !

Nous qui voulons aujourd'hui la religion du Christ agrandie, accomplie, complétée par la philosophie moderne, une religion qui soit de ce monde comme de l'autre, une vraie religion qui relie tout ce qui est humain, le corps et l'âme, l'homme avec lui-même, avec ses semblables et avec Dieu, qui rende à Dieu ce qui est à Dieu et au peuple ce qui est au peuple, qui réalise ce que Jésus n'a fait que souhaiter, le pain quotidien, le pain de l'âme et le pain du corps et le pain pour tous, la multiplication des pains, le règne de Dieu sur la terre comme au Ciel; nous qui voulons la liberté, l'égalité, la fraternité, c'est-à-dire la république, la république pour tous comme pour nous, la république universelle ; nous qui voulons enfin la grande religion, la religion qui a pour dogme la souveraineté du peuple, la religion du droit, la religion de l'humanité, car la voix du peuple est la voix de Dieu, car le droit c'est Dieu même dans l'humanité ; nous qui sommes les seuls chrétiens et les seuls catholiques, nous nous réjouissons de voir périr à cette heure ce vieux catholicisme qui divise, qui dualise l'homme et le monde ; car nous voulons l'unité. Nous voulons aussi réunir le temporel au spirituel, mais nous le voulons pour tous et par tous. L'être collectif suit la même loi que l'individu. Le peuple est comme l'homme ; il a la vie du corps et de l'âme ; il a double besoin, double droit. C'est donc une erreur de croire qu'il faille séparer le temporel du spirituel, erreur admissible en fait avec les religions qui sont, comme la catholique, loin de leur temps et de la science. En principe, ils doivent être unis. Tant qu'ils seront divisés, il y aura duel dans l'homme et dans l'humanité. Séparer le temporel du spirituel dans le peuple, c'est comme si l'on séparait l'âme du corps dans l'homme. Une société purement temporelle ne peut pas plus exister qu'un corps sans âme, pas plus que le fait sans le droit, le pouvoir sans le savoir. Est-ce que vous croyez que la grande Convention n'avait pas un pouvoir spirituel ? Notre religion à nous, notre foi, notre loi, notre dogme, notre patrie, notre amour, notre Église, notre mère, c'est la république. La république a les deux pouvoirs, les deux glaives, car elle procède de la souveraineté du peuple, et le peuple est souverain spirituel comme il est souverain temporel. Plus de tiare ni de couronne ! plus de majesté ni de sainteté, plus d'intermédiaires, plus d'écran politique ou religieux entre le peuple et Dieu, plus d'oint d'aucune huile, plus de privilégié d'aucune caste qui lui dérobe le ciel ou la terre. Le peuple est pape comme il est roi ; le peuple est le seul, le vrai successeur du Christ, le représentant de Dieu ici-bas : *Vox Populi, vox Dei.*

La France, la France démocratique n'admet donc pas d'autre souverain que le peuple ; son dogme moderne, politique et religieux, son principe fondamental, absolu et exact comme un principe mathématique, est la souveraineté du droit, c'est-à-dire la souveraineté de Dieu, représentée par la souveraineté du peuple. Qui dit souveraineté dit liberté; qui dit liberté dit république; car la république est le gouvernement le plus conforme et le plus adéquat avec la liberté. Prenez la constitution, vous n'y trouverez pas une seule fois le nom du pape ou du catholicisme; il n'y a pas de religion de l'Etat. M. Barrot ou un autre disait jadis que la loi devait être athée. Quand l'athée devint vieux, il se fit catholique. Mais la France n'est ni catholique, ni athée, elle est républicaine. Elle a dit, art. 1er de la Constitution : « La France s'est constituée en république. En adoptant cette forme définitive de gouvernement, elle s'est proposé pour but de marcher plus librement dans la voie du progrès et de la civilisation... » Donc elle ne reconnait ni papes, ni rois. Pour elle les républiques sont des gouvernements de droit, les royautés sont des gouvernements de fait. En vertu du principe de l'unité de droit, tout peuple est donc souverain et libre. Le peuple romain, le peuple hongrois, le peuple polonais, tous les peuples du monde ont le droit d'être souverains et libres, d'être républicains comme le peuple français. Aussi la France a dit encore, article 5 : « La république française respecte les nationalités étrangères comme elle entend faire respecter la sienne... et elle n'emploie jamais sa force contre la liberté d'aucun peuple. » Voilà les principes, voilà le droit divin et le droit humain ! Voilà le droit antérieur et le droit positif, le droit naturel et le droit écrit dans la Constitution ! Voilà le droit et la loi ! ils sont éclatants comme le jour; on ne discute pas l'évidence, le soleil ne se prouve pas. On ne peut pas les nier, on ne peut que les violer.

Une fois hors des principes, ce n'est plus que contradiction, contre-sens, mensonge, mauvaise foi, absurdité. Nos adversaires en font preuve; ils font assaut d'inconséquences et de sophismes qui se choquent et se détruisent comme les soldats de Cadmus. C'est un gâchis fabuleux. M. de

Montalembert, le plus radical, prétend qu'il faut subordonner le temporel au spirituel, le peuple au pape; M. Cavaignac prétend qu'il faut les séparer, en droit sinon en fait. M. de Tocqueville pense que le peuple romain doit se contenter de la liberté municipale; M. Barrot croit qu'il peut aller jusqu'au représentatif. M. Bonaparte veut exiger; M. Thiers ne veut que supplier. L'un veut le pape constitutionnel et l'autre le pape absolu; l'un s'accomode de la lettre et l'autre du *motu proprio*. Et quelles raisons donnent-ils tous? M. de Montalembert dit : l'Eglise est un vaisseau, l'Eglise est une famille; le pape est un capitaine, le saint-père est une mère, sans voir que le tendre et le dur, le maritime et le maternel ne s'accordent guères; mais qu'importe la logique! il dit encore que le gouvernement constitutionnel est impossible et qu'il y croit toujours. Il dit enfin : le dogme est éternel et l'idée éphémère, sans se douter que les idées sont des dogmes et les dogmes des idées, que la révélation n'est pas un fait spécial et transitoire borné à un siècle et à un homme si grand, si divin qu'il soit, (à quoi serviraient les autres?) mais qu'elle est permanente et immanente dans le temps et dans l'humanité, que l'humanité est encore plus grande que le Christ, car elle le contient lui d'abord et les autres avec lui; que notre révélation à nous, que liberté, égalité, fraternité, sont enfin des idées aussi absolues, aussi éternelles, aussi divines que le dogme de la sainte trinité. M. Cavaignac lui reconnaît bien le principe de la souveraineté du peuple, mais il le soumet aux faits, et loin de l'aider à les dominer, il conclut à le laisser à lui-même, pour devenir ce qu'il pourra. Un autre Montalembert, M. Thuriot de la Rosière, dit, dans une langue plus saugrenue encore, que le peuple romain n'est pas un peuple, qu'il est un peuple neutre, un peuple de cheptel, qu'il n'a pas le droit d'être; et ce docteur ès monarchies va prendre ses raisons du temps de Pépin le bref; il prouve que ce pauvre peuple a été donné jadis par la comtesse Mathilde. Nous voilà revenus au temps des peuples troupeaux, moins le bon pasteur. Il soutient, par A plus B, que le peuple romain ne s'appartient plus; qu'il appartient, corps et âme, au catholicisme; qu'il est aliéné, exproprié de sa liberté pour cause d'utilité publique; qu'il doit être sacrifié pour toujours à l'intérêt général et à la production des bulles, comme les Nègres l'ont été à la production du sucre. Mais si M. Thuriot tient tant au pape, s'il lui faut absolument un pape, qu'il le prenne pour lui, qu'il le fasse pape de la Rosière et qu'il laisse les Romains tranquilles. M. Thiers, lui, affirme que le peuple romain n'est pas assez mûr pour la république, n'est pas digne de la liberté; et la preuve, c'est que sous Pie IX il assassiné M. Rossi. Mais comme M. de la Rosière affirme aussi que le peuple français a assassiné M. Bréa, il s'ensuit que le peuple français n'est pas plus digne de la république que le peuple romain. C'est là la conclusion générale et finale de ce tohubohu, de ce galimatia double, de ce triple amphigouri, de cette tour de Babel, la plus contradictoire, la plus extravagante et la plus sacrilége, où chacun parle diversement, où tout le monde vote de même contre la raison, la justice et la vérité.

Eh quoi, suivant les uns, il faudrait soumettre encore le droit d'examen, la liberté de conscience, la raison humaine, toutes ces nobles conquêtes de la philosophie et de la révolution, tous ces précieux droits qui ont coûté si cher aux siècles passés, qui ont coûté à nos pères tant de travaux et de martyrs, tant de dévouement et de génie, tant d'encre et tant de sang, il faudrait les soumettre encore une fois à la papauté, à ce pouvoir qui a pour but l'esclavage et pour moyens l'ignorance et la pauvreté. Voyez ce qu'elle a fait de l'Italie, de l'Espagne et de l'Irlande! Tenez, je vous écris de la Suisse: j'ai sous les yeux les cantons catholiques et les cantons protestants. Si vous voyez le Valais, ce pays de crétins et de goîtreux, à côté du Pays de Vaud si vif et si éclairé; ils se touchent pourtant, il n'y a entre eux que l'épaisseur d'un Jésuite, ils ne diffèrent que par le *Sonderbund.* Vous comprendriez alors ce que peuvent sur le même peuple l'éteignoir et le bâillon d'Escobar. Il faudrait donc, si le pape est roi, que les évêques fussent préfets et les maires curés. Il faudrait recommencer les guerres de religion, la St-Barthélemy, la révocation de l'Edit de Nantes, revoir les Albigeois, les Hussites et les Huguenots, l'inquisition, les bûchers et les Dragonnades, les Monfort, les Guise, les Montluc, que sais-je? retourner de mille ans en arrière, en pleine féodalité, nous recroiser enfin *ad majorem Dei gloriam,* pour la plus grande gloire de Dieu et de St-Ignace. Non, c'est impossible. M. de Montalembert y perdra ses discours, et M. de Falloux ses souscriptions.

Suivant les autres, les ingrats, le peuple romain n'est pas digne de la liberté que nous avons rendue aux nègres, le peuple romain n'est pas mûr pour la république. Quoi! cette Italie, cette terre du génie, de soleil et de la liberté, cette patrie intellectuelle, cette seconde patrie de tout être qui pense, l'institutrice du monde moderne, qui a donné la lumière, la science, l'art, la civilisation à l'Europe chrétienne en échange de quelques tributs, cette terre sainte et sacrée entre toutes, si privilégiée, si féconde en hommes et en œuvres, l'éternel honneur de l'esprit humain; cette terre inépuisable qui a fourni les plus grands noms en tout temps et en tout genre, qui nous a montré tant de héros dans la liberté depuis les Gracques jusqu'à Rienzi; dans la guerre depuis les Scipions jusqu'à Tancrède; dans la paix, depuis les Cicérons, les Augustes jusqu'aux Médicis; dans les lettres tant de demi-dieux, de Virgile au Dante, du Dante au Tasse; dans les arts, les Raphaël, les Michel-ange, les Corrège, les Veronèse, et tant d'autres qu'on ne peut pas plus les compter que les astres; dans la science de Pline à Galilée, dans la philosophie de Sénèque à Machiavel, dans la religion de Bruno à Savonarole, cette Italie qui, comprimée qu'elle est à cette heure, par le double poids du pape et de l'empereur, trouve encore le moyen de manifester son génie suprême, de prouver sa supériorité par le seul mode que la tyrannie lui laisse, et qui produit Rossini pour chanter Guillaume-Tell; cette Italie n'est pas digne de la liberté!

Et d'ailleurs de quel droit la jugeons-nous? de quel droit lui mesurons-nous la liberté, la souveraineté, la nationalité, la vie politique? de quel droit lui imposer un pape avec ou sans le *motu proprio*, avec ou sans la lettre? il n'y a pas de degré dans l'absurde. Nous disions d'abord que le peuple romain était asservi, dominé par des étrangers qui lui imposaient la république de force, et nous voulons lui imposer de force aussi, avec trente mille hommes armés, je ne sais quel gouvernement dont nous n'avons plus voulu nous-mêmes. Nous l'avons affranchi de l'*étranger*, soit, puisque les Italiens sont étrangers dans Rome. Eh bien! point de juste-milieu maintenant, point de transaction, point de compromis! Que le peuple romain soit libre, qu'il décide seul, qu'il choisisse, qu'il prenne le gouvernement qu'il voudra. Ne lui ordonnons ni pape absolu, ni pape constitutionnel, ni le *motu proprio*, ni la lettre. Rendons-lui son indépendance, ses magistrats, ses comices; laissons-le exercer son droit dans la plénitude de sa souveraineté et de sa liberté.

Que répondrions-nous si le Russe venait aussi nous dire du droit de la force, du droit du loup : vous êtes opprimés par une minorité de brouillons, par une poignée de factieux; la France doit être délivrée et l'Europe rassurée; la république doit être sacrifiée à l'intérêt général. Vous étiez citoyens, vous êtes messieurs, vous devez être sujets... pour votre bien. Je le veux pour la stabilité dans le monde et la vraie liberté chez vous. Je viens donc vous faire libres, libres malgré vous, comme Sganarelle, libres de choisir un autre gouvernement que la république, la royauté constitutionnelle ou absolue, Louis-Philippe ou Henri V, avec ou sans la Charte, à ma volonté? Et prenez garde, le Russe vient; il est logique lui; il avance sur ceux qui reculent. Quand il nous croyait conséquents comme lui-même, quand il croyait que nous soutiendrions la démocratie européenne, il disait prudemment alors : Chacun chez soi ; je ne me mêle pas des révolutions d'autrui. Mais maintenant qu'il voit que nous avons laissé les rois refaire leur sainte alliance à leur gré, écraser partout les peuples, en Hongrie, en Allemagne, que nous les y avons même aidés à Rome, alors il parle hautement de sa mission d'ordre, de croisade anti-démocratique ; et il vient de donner à l'avance, triste symbole, un habit de Cosaque à notre ambassadeur.

Citoyens, nous n'avons plus qu'un moyen de réparer notre crime de Rome, et d'éviter notre danger. Car tout crime est un danger. Talleyrand disait, en parlant du meurtre du duc d'Enghien : C'est plus qu'un crime, c'est une faute. Il se trompait en ce sens qu'un crime est toujours une faute, et par conséquent une peine. Ainsi le veut la Providence, c'est-à-dire la logique. En effet, voilà les Russes sur le Danube, les Autrichiens aux Alpes, les Prussiens au Rhin. Il ne s'agit plus de la République romaine ; il s'agit de la République française. Il ne s'agit même plus de notre gouvernement, de nos institutions, de nos idées ; il s'agit de notre sol, de notre foyer, de l'indépendance matérielle du pays, du salut de la France. La patrie est en danger. Nous voilà placés, à notre tour, comme dans un étau entre l'Autriche et la Prusse, qui nous serrent à chaque flanc, et que la Russie pousse elle-même par derrière. Et ne comptons pas sur les armées constitutionnelles d'Allemagne, quand notre armée républicaine a obéi elle-même contre Rome. Nous voilà donc fatalement à la veille d'une guerre générale, isolés, ayant combattu notre droit et frappé nos amis. Où sont les traîtres de ceux qui voulaient défendre la République romaine ou de ceux qui l'ont tuée. Oh mieux valut être encore les Don Quichotte de la liberté que les Sancho du despotisme ? Le meurtre de la République romaine sera le suicide de la République française. Nous n'avons ni le droit ni le pouvoir d'être libres au milieu d'esclaves ; la liberté des autres est la garantie de la nôtre. Pour n'avoir pas fait notre devoir, nous risquons notre droit; pour n'avoir pas défendu la liberté des autres, pour l'avoir combattue, nous voilà prêts à la perdre chez nous. Nous ne pouvons nous sauver qu'en ressuscitant l'Italie que nous avons tuée, la Hongrie qui est morte du contre-coup, l'Allemagne, la Pologne, toutes nos vieilles créancières, qu'en faisant la république universelle. Car il n'y a pas de milieu, pas de trêve possible entre les deux principes. Ou la liberté, ou l'absolutisme; ou la révolution, ou l'invasion. La France peut dire comme Hamlet : être ou n'être pas. Elle en est venue à la solution de ce grand problème pour l'Europe et pour elle : Cosaque ou républicaine.

Citoyens, je n'ai pas voulu être responsable, même par le silence, du plus grand malheur qui puisse arriver aux autres et à nous-mêmes.

Le 12 juin, je suis donc monté à la tribune et j'ai dit ce que je répète encore : En mon âme et conscience, devant Dieu et sur les cadavres de nos frères, je jure que la constitution est violée.

Le 13 juin j'ai dit, dans un manifeste au peuple, ce que j'avais dit à l'assemblée, que la constitution était violée.

Le 14 juin, n'étant ni arrêté, ni accusé, j'ai écrit que je ne rentrerais plus à l'assemblée tant que la constitution serait violée.

Et alors j'ai été accusé d'avoir attenté à la constitution, d'avoir voulu renverser la république. En vérité, c'est le bouleversement de la langue et de la logique, le carnaval des mots et des idées. C'est le monde renversé. Oui, cela rappelle cette grossière et grotesque image du monde à l'envers où les cochons font griller les hommes.

C'est nous qui sommes les coupables, nous sommes les accusés, oui accusés d'attentat et de complot; et l'on échafaude attentat et complot tant bien que mal, de toutes pièces plus fausses et plus ridicules les unes que les autres. Ainsi, quant à moi, et sans vouloir rejeter la moindre responsabilité de toute la manifestation du 13 juin (je me suis déclaré et me déclare encore solidaire de tout ce qui s'est fait), mais, pour la vérité seule, pour montrer quelle foi on peut avoir dans le monument de passion et d'iniquité qu'a élevé M. Baroche, l'acte d'accusation après avoir trouvé que je suis un membre important de la Montagne et que les soldats apprennent mes discours par cœur, dit par exemple que j'ai rédigé avec mes amis Ledru-Rollin et Considérant le manifeste au peuple. Eh bien, la vérité est que ni Ledru-Rollin, ni Considérant, ni moi, ne l'avons rédigé et que nous n'avons fait que le revoir avec l'auteur. Le réquisitoire dit encore que ce qui prouve ma présence au Conservatoire des Arts et Métiers, c'est qu'on y a entendu prononcer mon nom. Autrefois il fallait au moins quatre lignes d'un homme pour le convaincre ; aujourd'hui il ne faut plus qu'entendre prononcer son nom. Eh bien la vérité est cette fois encore que je n'étais pas au Conservatoire des Arts et Métiers. Je n'y étais pas par un retard indépendant de ma volonté et qui prouve contre le complot; car s'il y avait eu complot, je ne serais pas allé chercher mes collègues rue du Hasard où l'on m'apprit qu'ils étaient rue St-Martin; je serais allé directement au Conservatoire où je me rendais enfin, quand mon collègue Pfliéger qui en revenait m'arrêta rue des Fossés Montmartre en me disant : n'allez pas plus loin, nous sommes dispersés.

Non, nous n'avons pas voulu de complot, ni même d'insurrection bien que nous en eussions, suivant nous, le droit et le devoir. Non, nous n'avons pas voulu recommencer le 15 mai, envahir l'Assemblée qui n'avait pas même de séance ce jour-là. Non, nous n'avons pas voulu renverser la République par un complot; le malheur est qu'il n'y ait pas eu complot, nous aurions eu au moins une chance de succès. Nous sommes assez souvent traités de conspirateurs pour avoir au moins les bénéfices de notre art et de notre renommée. Une conspiration, un complot le 13 juin, bon Dieu! Non, non, grâce au ciel! nous ne sommes plus au temps où l'on conspire. Le pouvoir ne conspire que trop pour nous; il fait mieux nos affaires que nous-mêmes. Nous avons voulu seulement avertir le peuple, lui dire, je le répète, ce que nous avions dit à l'Assemblée : la constitution est violée. Nous avons voulu épuiser tous les moyens légaux et constitutionnels de ramener le pouvoir à la loi. Nous avons dit dans la rue ce que nous avions dit à la tribune; nous avons averti le peuple, nous avons fait notre devoir. Le peuple a fait le sien dans les limites de son droit. Il s'est assemblé paisiblement et sans armes, il a fait une manifestation pacifique aux cris de vive la constitution. La force armée a attaqué la manifestation violemment, sans sommation et elle a comprimé le droit.

Certes nous étions alors dans le cas de légitime défense, de résistance naturelle, dans le cas de repousser la force par la force, de protéger nos personnes et nos libertés comme elles étaient attaquées, par les armes. Néanmoins, nous n'avons pas voulu soutenir la lutte. Nous savions que le peuple est une force mystérieuse dont personne ne dispose que lui-même; qu'il était en proie à une de ces grandes misères physiques qui ôtent toute énergie morale; qu'il était en outre fatigué de juin et de février, qu'il avait comme une courbature après tant d'efforts malheureux; qu'enfin on ne recommence pas une révolution tous les ans; qu'en juin 1848, il y avait eu des soldats sans chefs, ce qu'en juin 1849, il y aurait des chefs sans soldats. Nous savions que l'armée qui n'avait pas eu une seule protestation en Italie, commandée qu'elle est par des royalistes, obéirait par esprit de discipline à Paris comme à Rome; nous savions que tout le monde ne comprenait pas bien cette question romaine où le drapeau était engagé et l'orgueil national compromis; partant, nous savions que la lutte pouvait être douteuse et sanglante, qu'elle ne serait ni courte, ni aisée comme en 1848 et en 1830;

nous ne l'avons donc pas soutenue, je le répète. Nous nous sommes sacrifiés seuls, nous nous sommes dévoués à la prison et à l'exil, cette prison plus grande, mais non moins triste que l'autre. Nous sommes suicidés ; et ce suicide de la Montagne sera sa meilleure œuvre et sa plus grande gloire. Forts de notre conscience, sûrs de notre cause et maîtres de l'avenir, nous sommes morts sur une question dégagée de tout égoïsme, de tout intérêt de personne, de parti et de nation ; nous sommes morts pour le saint principe de fraternité, de solidarité, d'humanité, d'unité, pour la République universelle ; nous sommes descendus vivants dans la tombe de la République romaine comme des victimes expiatoires, pour absoudre le présent et assurer l'avenir, pour racheter le crime et détourner la peine, pour réconcilier les coupables et les martyrs, la France et l'Italie, la France et la liberté.

De la terre d'exil où je vous écris, je me constitue donc devant vous, Citoyens Electeurs, mes seuls juges ; car selon nous, le pacte étant violé, les autres n'ont plus mandat. Ainsi je n'espère justice que de vous. Quel que soit l'arrêt qui me frappe maintenant, j'en appelle avec confiance à votre tribunal suprême. Dans deux ans donc, aux prochaines élections, à ces grandes assises, à cette haute cour du peuple souverain, vous vous souviendrez et jugerez en dernier ressort. Le peuple a la justice et la puissance de Dieu même. Dans son jugement dernier il reconnaîtra les bons et ressuscitera les morts. J'attendrai.

Salut et Fraternité.

FÉLIX PYAT,
Représentant du Peuple.

Lausanne, octobre 1849.

www.ingramcontent.com/pod-product-compliance
Lightning Source LLC
Chambersburg PA
CBHW060631050426
42451CB00012B/2539